Desde el alma hasta el papel

Un viaje de emociones entre la poesía.

Carlos García

ÍNDICE

Encontré

Encontré la razón
donde menos pensaba
donde creí que la duda era reina
profunda.

Encontré la palabra
donde todos callaban,
encontré el silencio
donde el ruido era eterno.

Encontré la luz
en un túnel obscuro,
encontré la paz
en un mundo intranquilo.

Encontré felicidad
en medio de melancolí,
encontré descanso

en profundo insomnio.

Encontré mi mundo
en una galaxia perdida,
encontré las estrellas
a plena luz del día.

Encontré pasión
en duro dolor,
encontré ilusión
en un sueño perdido.

Encontré el amor
en un corazón roto,
encontré pedazos
de algo sin piezas.

Encontré tu amor...

La tristeza

Cuantas veces sonrió cuando estoy dormido
soñando que aún tu sigues conmigo,
a veces despierto con todo el recuerdo,
otras veces despierto con lágrimas en los ojos,
porque al despertar se que ya no estás más.

Cuánto tiempo he dejado pasar,
cuantas madrugadas sin dejar de pensar,
cuanto ha sido el silencio que me está consumiendo,
tanto es el dolor que hoy ya no lo siento.

Aún la tristeza sigue presente,
cuando estoy solo más frío se siente,

aún mis manos sueñan con tus manos
deseando poder estar a su lado,
cuando yo te pienso es cuando digo
que valió la pena todo lo vivido.

Pasaran los días,tal vez hasta años
pero el amar sigue estando a mi lado
escondido en mis labios,
sin saber sin algún día saldrá,
solo tú lo sabrás.

Cuando el destino me ponga a tu lado
prometo que nada podrá separarnos,
por el momento que seas feliz,
yo sigo tratando aunque sea sonreír,
te guardo conmigo en cada latido
espero que tú aún hagas lo mismo.

El vacío

Me encuentro mirando hacia la nada,
a borde de el vacío,
ni siquiera puedo observar el fondo
es triste saber que yo lo cree
y hoy estoy apunto de caer.

Hay un dolor que es difícil asimilar,
no hay medicina suficiente para poderlo calmar,
veo tu rostro en cada pared,
me odio al saber lo que pudo ser y no fue,
pude haber hecho que te quedaras y nunca lo intenté.
Cuantas veces me ayudaste a escapar de mis demonios y yo no pude hacer lo mismo por ti,

siempre creí que nunca era demasiado tarde sin darme cuenta que el tiempo se acaba y nos consume de a poco,
ojalá siguieras aquí para ayudarme a salir.

Siempre fuiste tú,no hubo nadie más,
me sentí insuficiente tantas veces y tú me completaste,
y hoy que te fuiste te llevaste esa parte y no volverá jamás,
me condeno a vivir roto ,no existe nada que pueda reemplazarte.

Hoy todo se desvaneció,
intenté mantenerlo tanto tiempo que me quebré,
por las noches me cuesta conciliar el sueño,
pero aún escucho tu voz diciendo que todo va a estar bien.

El sol se va

La luna brilla
el sol se va
la noche cae
y mil historias por contar.

Las estrellas salen
el cielo gris
y un camino sin fin.

Noches obscuras
luna sin luz
nubes externas a el cielo azul.

Días callados
noches parlantes
lunas brillantes

y el sol apagándose.

Lluvia mortal
agua del mar
volcán por estallar
aire sin respirar.

El sol se va
la noche cae
el silencio atrae la soledad.

Cielo mártir
nubes llorando
noches pérdidas
y la luna hablando,
días encontrados
con el sol callando.

Adiós

Adiós a el amor,
adiós a el sentimiento que causó,
adiós a el recuerdo y el dolor,
adiós a el silencio de tu voz,
adiós a el suspiro en mi interior.

Adiós a el profundo amanecer,
adiós a el calor de tu piel,
adiós a el amor que soñé,
adiós a el momento que espere.

Adiós a lo más grande que sentí,
adiós a lo más bello que viví,
adiós...solo adiós.

Llegó

Llegó el silencio
acompañado de tu adiós
llegó un suspiro
que guardo en mi interior

Llegó el recuerdo
con una voz en mi dolor
y se apago la luz
que alumbraba el corazón

Llegó tu ausencia
llena de amarga soledad
y llegó mi cuerpo
a la oscuridad

Llegó el deseo
de volverte a besar
llegaron las ganas
de tenerte una vez más

Llegó mi cuerpo
al desierto de el adiós
se fue perdiendo
en el infierno de tu dolor.

Tú prisionero

Los mares separan continentes
pero no existe distancia que pueda
separar este amor
mis sentimientos vuelan en el viento
y me quedo en el silencio que me mata
por dentro

Soy un prisionero de tus labios
me ahoga en el mar de tus encantos
soy un soñador en tierras de nadie
que vive pensando en tus besos,tu cuerpo
y tus dedos

A tu lado es el mejor despertar
me haces ver lo bueno que es vivir

mi alma y tu alma comparten un mismo
latir

He esperado este momento
y ahora que te tengo aprovechare cada
minuto
para decirte que te amo
y no preguntes la razón
pues un segundo te bastó para ser dueña
de mi corazón.

Tú recuerdo

Si algún día me recuerdas
en el frío de tu ausencia estaré,
recordando esos momentos
dibujando sentimientos en papel.

Todo se lo lleva el viento
como algo que olvide
cada abrazo que nos dimos,
cada beso con sabor a miel.

Soy esclavo de el recuerdo
de tu voz y calidez,
se detiene el tiempo
como la brisa en nuestra piel.

No hay momento de mis días
que no piense en tu sonrisa
y eso me hace ver que aunque no estés
a mi lado

yo de ti sigo hechizado,
sin poder vencer cada uno de mis
miedos
que me arañan y destrozan cada parte
de mi ser.

Aún sigue vivo tu recuerdo
mis alas en el viento se desvanecen en
el cielo,
buscando refugio en tu cuerpo...
Pero tú te niegas a aceptarlas
porque te fuiste sin decir una palabra.

Este es el amor?

Esto es el amor?me pregunto yo
Jamás imaginé que sucediera así
bendito el día en que tu voz se cruzó con
mi silencio
y me hizo ver que el corazón no tiene
dueño
Por ti hoy se que es vivir
me haz traído con tu luz el final de este
camino de desierto que había en mi

Por ti conocí lo que es el amor
y mi corazón suspira sin descanso
gracias a tu voz.
me trajiste con tu amor,una nueva
ilusión y estás ganas de cada vez ser
mejor.
No paro de pensar en tu sonrisa y esa
forma tan perfecta con la que me

miras,son tus ojos mi perdición,haces
que mi corazón se acelere
descontrolada mente sin razón.
Este es el amor?me pregunto yo
porque desde que te conocí no paro de
sonreír,por ti soy feliz te adueñaste de
cada rincón de mi.

Mi corazón está en tus manos,y va
contigo a todos lados,aunque tú no te
des cuenta
y es por ti la razón por la cual quiero
seguir,por ti cambiaría mi vida y mi
rumbo,arriesgaría cada parte de mi
ser,pues por ti yo soy capaz de cosas
inimaginables

Con tus besos se detiene el tiempo,

en cada momento te recuerdo y se
acelera el sentimiento de este amor que
vive aquí dentro
Tu sonrisa es la razón de este amor,tu
mirada es el motivo por la cual se
detiene mi corazón

un suspiro dentro de mi ser me hace ver
que eres tú todo lo que soñé

Este es el amor?me pregunto yo
por qué si es así no quiero que jamás
termine
quiero vivir junto a ti,hacerte feliz y
decirte al oído todo lo que siento por ti
eres la princesa de mis sueños,un
pensamiento eterno que guardo dentro
de mi alma pues me pierdo en tu
mirada.

Este es el amor?,me pregunto yo...y me
respondo en silencio que si
el amor llego a mi y sin ninguna
condición se metió en mi corazón.

Alguien como tú

Algo pasa en el ruido de el silencio
eterno
alguien toca el recuerdo de el dolor
ajeno
alguien sube con fervor al cielo

Alguien rompe el corazón de la
esperanza
y cierra la puerta de la desconfianza
alguien ríe en momentos de total
tristeza
y llora en momentos de alegría escrita
buscando razón para poder vivir

Alguien acaricia el brillo de la luz
y con su sonrisa brilla con amor
el sol que lleva en su corazón

Alguien roba la calma de tu interior
y se lleva la paz que hay en tu dolor
alguien lleva sonrisas con tanta
ilusión

Alguien te ayuda sin pensarlo
y lleva verdad total en sus manos
alguien conduce la felicidad

Alguien ríe y llora a tu lado
alguien sufre y vive de tu mano
y deja a un lado lo imposible
transforma el dolor en un mundo
increíble

Alguien dice que te ama
lo dice desde el fondo de su alma
alguien sonríe cuando tú sonríes
alguien llora cuando tu no estás
y busca tu luz en la oscuridad
alguien busca tu felicidad

Alguien como tú...

Me enamoraré de ella

Me enamoraré de ella,
de lo suave ,sutil e incluso áspero que
pueda llegar a ser,
de la fría soledad que pueda causar el
marcharse,
de la acogedora sensación de amor que
solo ella pueda causarme
como quien a muerto y hoy a revivido por
una vida tan bella sin espera.

Me enamoraré de su sonrisa ,tan
abundante como el edén,
de sus labios tan pequeños   a   la
comparación de el deseo de rozarlos hacia
el más claro apogeo de un simple beso,

de sus manos y su piel que llegan a tener espinas y aún así quisiera tener.

El amor se hará presente cuando vea su apariencia cautivante y sofisticada,
tal vez desaparezca cuando vea su lado combativo y temerario
o tal vez se agrande al sorprenderme de esa actitud tan audaz que me hará enamorarme de esa mujer que es tan real.

UNO

En este viaje somos letales,
en esta vida somos universales,
tanto odio y tanto descaro
que hoy el mundo le teme a el humano.

En este mundo somos polvo,
dañamos la vida y creamos heridas,
tanta desdicha y cuán pocos abrazos,
ver el dolor que causamos me está
matando.

Tantas fronteras y cuántos idiomas
hoy han separado a miles de personas
en esta distancia silenciosa.

Existen guerras frías que nunca terminan,

hay quienes crean un muro con su propia
ira.

He muerto en vida de ver lo que pasa,
espero algún día escuchar que esto acaba,
me acuesto soñando con paz
y regalando un abrazo a lo que hoy ya no
están.

Somos ciudadanos de el universo y nos
toca cuidar una parte de ello.

Hoy solo pienso en que el mundo a
cambiado,
donde ya nada es engañó,
un día moriremos y eso está seguro y no
me quiero marchar sin dejar un legado.

Yo veo un mundo unificado,
donde en las guerras se cuelgue una
bandera color blanco.

Vale la pena y vale la vida,
luchar por la paz sin ningún arma en mano,

que las fronteras por fin se derrumben,
que el amor y la conexión sean parte de el
hombre,
que la guerra y la destrucción por fin se
borren.

Aún hay posibilidad de cambiar,
dicen que la imaginación da paso a la
realidad,
que un pasaporte no defina tu
nacionalidad,
que por primera vez seamos todos UNO
para salvar este mundo antes de hacerlo
humo.

Mundo paralelo

Hojas caen sin cesar
en la agonía de mi soledad,
rosas blancas en espiral
con aroma a tranquilidad.

Nieve blanca en los polos,
suena lluvia en los otoños,
mares perdidos en algún mapa
y el sol que hoy se apaga.

Continentes convertidos en islas,
ríos hechos lagunas,
ciudades hechos pueblos
y países desiertos.

Cielo convertido en infierno,
que quema los sueños ajenos,
frío caliente mi cuerpo
y el sol enfría mis pensamientos
en este mundo paralelo.

Soñando

He pasado horas desvelando pensando y llorándote,
he pasado noches soñando y amándote,
he suspirado acabándome el aire pensando en ti
y he imaginado tú cuerpo de nuevo sobre mi.

He puesto piedras y mares en presas para poder vivir,
puse mi alma y mi esperanza para poder sonreír.

Hubo un momento en que no podía seguir,

baje a el infierno pensando en tus labios
besándome,
viví dormido soñando en tu piel
y entendí que debo ser yo quien debe
dejar de amarte así sin placer.

Pasan las horas y el alma te llora sin fe,
el tiempo se acaba y también la esperanza
y yo sigo aquí imaginando que este amor
pudo ser.

Noches perdidas buscando salidas
que ayuden a escapar esta vida,
que pronto termina porque no estás,
mi mar se marchita extrañándote
y mi mundo se extingue soñándote.

A la mitad

No he parado de pensar qué tal vez te pude esperar,
pero debo ser honesto conmigo y es que aún no te puedo olvidar.

Me encuentro en un espacio difícil de llenar,
sé que no fui suficiente y no supe cómo reaccionar.

Ella tal vez me ayude a sacarte de mi memoria,
pero no borrarte de el corazón no es posible ni escribiendo mil historias.

Estoy aquí solo y aturdido leyendo
mensajes viejos,
ni mil cosas nuevas se comparan con los
momentos a tu lado,

Escucho de nuevo las canciones y el
corazón se me desangra,
el sentimiento sigue siendo el mismo
a pesar de que más personas lleguen
y el tiempo siga su ritmo.

Dime si solo soy yo quien aún piensa en un
nosotros
o tal vez también ronda por tu mente el
intentarlo una y mil veces.

Es tiempo de ser real,
el antiguo yo está de vuelta,
no sé cómo se puede explicar por más que
intento,
tan solo sé que me quede a la mitad.